いのちをみつめる叢書　特別篇④

学生が聞いた

翁長安子《おながやすこ》　沖縄戦を語る

広島経済大学岡本ゼミナール編

ノンブル社

目　次

証言　永岡隊での活動

証言　沖縄戦終盤と遺骨収集活動

いのちをみつめる叢書　特別篇④

学生が聞いた

翁長安子　沖縄戦を語る

戦中戦後の体験を語る翁長安子さん

翁長安子さん（後列左）が第一高等女学校一年生の時、妹さん（前列左）やお友達と一緒に。昭和一八年（一九四三）

証言

永岡隊での活動

平成三一年（二〇一九）二月二八日

永岡隊での体験を語る翁長安子さん（安國寺にて）

首里観音堂から、今もわずかに残る森を見下ろす

◇証言場所：松川樋川《ひーじゃー》＊（糸満市）

【永岡隊への入隊と水汲み、食料運びなどの様子】

ここは海抜八〇メートルくらいの森でした。現在は森の部分が切り取られて、ホテルが建ち、周辺の様子は変わっていますが、この井戸（形状は一般的な井戸ではなく、伏流水が流れ出る樋川）だけは残っています。このガジュマルは戦争を潜り抜けた樹です。戦後、根っこだけ残っていたのが芽が出てここまでになりました。この松川井戸は、周辺の生活用水となっていました。

この森の上の方に永岡隊＊の指揮班と第二小隊が入っている壕がありました。六〇人くらいいたのではないかと思います。壕の出入り口は三か所あって、下側には銃眼＊が設置され、現在の新都心まで見渡せました。炊事はここのすぐそばの小さな壕でやっていました。私の役割は、看護要員、兼、炊事要員です。家族は北部に疎開していましたが、軍国少女だった私は、親友のお姉さんとともにこの部隊に志願して入りました。他にも二〇歳くらいのお姉さんたちがいて、全員で八名が一緒に入りました。私は看護訓練を受けていませんでしたが、お姉さんの中には看護婦さんもいました。私のできることは水汲みと炊事のお手伝いでしたから、水汲みを

樋川：沖縄では、岩盤の奥の水脈から樋（とい）を使って水を汲みやすくした井戸を樋川（ひーじゃー）という。

永岡隊：特設警備第223中隊。中隊長永岡敬淳少佐の名から、通称永岡隊と呼ばれる。1944年2月に編成されたが、当初中隊本部に常時配置された人員は4名。那覇市近郊の在郷軍人約240名に待命令状を出し、指揮班と三個小隊からなる。待命令状とは、いつでも招集に応じられるよう待機を命じた令状で、在郷軍人に市民としての仕事を続けさせながら、非常時に軍が

希望しました。水汲みというのは、兵隊さんの水筒を布バケツに一〇本くらい入れ、ここで水を汲んで五、六〇メートル上の壕に運びます。

部隊は、最初は識名《しきな》におりまして、ここには四月一六日か、一八日に来ました。その頃は（攻撃は）それほど激しくはありませんでした。この布バケツは、輜重隊《しちょうたい》*の馬に水を飲ませたり餌をあげるときに使うものです。馬の顔が突っ込めるような形になっています。これは、引っ張っても転がしても音がしません。金物だと音がしたり、相手の電波に反応して人がいるのがわかりますが、これは大丈夫です。ここで水を汲んで上の壕に運ぶことと、下の方にいる第二小隊に一日二回食料を運ぶことも役割でした。その時はこのバケツの中に飯盒《はんごう》を四から五個入れて、敵の飛行機に追われながら運びました。昼間は全くできません。朝の四時半から六時までにこの作業を終わらないとグラマンや偵察機は六時くらいになると飛んできます。（偵察機が）人間を見つけると（その場所をめがけて）艦砲射撃が飛んできます。夕方は六時半から動きます。アメリカさんは六時半になったら動きません。その頃になったら、水汲みや夕ご飯に取り掛かりました。これが出来たのも、四月の中旬から五月の上旬くらいまででした。

一番激しかった戦闘は、五月六日から一二日くらいまででした。日本は武器がありません。

召集する郷土部隊。県内各学校の教練教官、官公庁勤務の予備役軍人が多かった（田村洋三著『沖縄一中鉄血勤皇隊』より抜粋）。

銃眼：敵を狙撃するためにトーチカなどに開けられた穴のこと。

輜重隊：前線に武器、弾薬、食料などを輸送する部隊のこと。

唯一の武器と言えば瓦屋毛《からやーむい》（毛は森の意。第一小隊の壕があった）にある擲弾筒《てきだんとう》*くらいでした。あとは小銃くらいですが、あんなものでは相手にならないですよね。海から艦砲射撃、空から爆撃、陸には戦車、機銃掃射、野戦砲。日本には武器がないのかなあ、というような戦の様相です。やられっぱなしですが、新都心の辺り*では地下からの攻撃でアメリカ兵も五千人くらい亡くなったようです。

ここは敵の目標である日本軍の司令部がある首里城の中間にありますから、間違って弾が沢山落ちてきました。その中をどう生き抜くかと、みんな頑張ったわけです。子どもの私から見た兵隊さんの動きは、夜になったら切り込み隊に行くというものでした。そのおじさんたちは、県庁や学校の指導者などで、兵役の経験がある人でした。家族を疎開させて居残り命令が出ている人が二月末に呼び集められ

水汲みなどに使われた布バケツ（松川樋川）

擲弾筒：手で投げたり、小銃で発射する近接戦闘用の爆弾を擲弾という。擲弾筒は擲弾を発射する筒（『大辞林』より）。

新都心の辺り：那覇市北部の再開発地区。首里を目指す米軍がシュガーローフと呼んでいた小さな丘をめぐって 7 日間で 2600 名の戦死者を出すほどの激戦地であった。

て作られたのが永岡隊でした。その中には、私の女学校の一年、二年の担任の先生もおられました。続きは次の場所でお話しします。

◇証言場所：首里観音堂〈慈眼院〉（那覇市）

【首里攻防戦のはじまり】

井戸があったガジュマルの所から、バスが通っているあたり一帯を今帰仁森《なきじんむい》といって、琉球王朝時代の「官松嶺《がんしょうれい》」という森でした。今は削り取られて、ホテルと民家があります。その民家の上の所に永岡隊（指揮班と第二小隊）の壕がありました。私はそこに三四日間いました。それから左手の下の所に森（瓦屋毛《からやーむい》）が見えますね。そこに第一小隊が配置されていました。

私が入った壕は、自然壕ではなくて掘った壕で堅固に作られていました。その壕を中心に、弾の中を水汲みや飯運びをしました。弾の雨の中をよくくぐりぬけたと思います。何度かグラマンの機銃掃射にあいましたが、体が小さいので側溝に隠れたりして逃れました。朝晩、攻撃がないときに運ぶようにしましたが、次第に昼夜ひっきりなしに弾が飛ぶようになりました。次第に怪我人が増えてきました。四月二九日ですが、天皇誕生日に、兵隊さんに最後のご褒

1945 年 4 月 2 日米軍撮影の旧首里城周辺

美ということだったのでしょうね、恩賜のたばことお酒が配られました。第二小隊からそれを取りに来られたときに、女学校の担任の糸数《いとかず》先生に会いました。先生の名前を呼んだら、振り返って「どうしてここにいる。ちょっと来い」と言って、私の手を引っ張って隊長殿のところに連れて行かれました。当時、隊長のところは恐れ多くて子どもの私がいける場所ではありませんでした。先生は私をそこに連れて行き、隊長に「僕のクラスの子です。どうぞよろしくお願いします」と言われました。私は初めて隊長殿にお会いしました。隊長の次女の敬子さんと同級だということがわかりました。クラスは別でしたが知っていました。「敬子は熊本だよ」とおっしゃいました。家族は熊本に疎開させているのに、この子は残っていると思われたんでしょうね。それからというのは、何かにつけて「ちょっと安子さん呼んでちょうだい」と言って、顔を見たら「気を付けて行動しなさい」と声をかけてくださるようになりました。子弟愛ですか、忙しい中隊長に引き会わせてくださった先生の思いというものを感じました。

もう一人、県の課長をされていた渡嘉敷《とかしき》のおじさんが糸数先生と一緒でした。おじさんは、十十空襲《じゅうじゅうくうしゅう》*で被災してから我が家で暮らしていましたが、二月に赤紙が来て入隊しました。その渡嘉敷のおじさんと再会してびっくりしました。おじさんは「お父さんが山原《やんばる》からあなたを迎えに自宅に戻っている」と教えてくれました。

【入隊の経緯】

私の家族は、県の命令で二月二七日に疎開しました。私はどうしても家を離れたくなかったので反対して残りました。農園があって動物がいたので、誰が世話をするのかということがありました。また、長男、次男も陸軍で出征していましたので、自分もお国のために何か役に立

十十空襲：1944年10月10日、沖縄本島全域が受けた空襲。特に那覇市は重点攻撃の対象となった（『オキナワを歩く』Ⅳ、Ⅴを参照）。

ちたいと思っていました。女学校では三年生から看護要員になりましたが、二年生はなれませんでした。私もどうにかして入りたかったので、「私が留守番するから」と言って残りました。父は、この子は言い出したら聞かないとあきらめて「二週間たったら迎えに来るから、それまでに覚悟を決めておけ」と言って疎開しました。しかし、待っていましたが父は来ませんでした。そのうち、三月二三日に南部の湊川《みなとがわ》という所にアメリカ軍の艦砲射撃が始まりました。皆、南部から戦争がはじまると思いました。ひめゆりの学徒隊も三月二三日に寄宿舎から南風原《はえばる》の陸軍病院に移動しました。向かいの金城家の貞子さん、信子姉さんは幼なじみで、「戦争が始まったら一緒に行動

ひめゆりの壕（陸軍病院第三外科壕）

しようね」と言っていました。その時は、まさか百日も戦争が続くとは思いませんでした。そういう約束をしていたのですが、貞子さんが看護要員として呼び出され、ひめゆり学徒隊に行きました。それで私は一人になってしまいました。そういう時に、永岡隊に看護要員と炊事要員がいないということを、金城さんのお父さんが聞かれて、「行かないか」と声をかけてくれました。信子姉さんや近くの郵便局員などの二〇歳前後のお姉さんたちに混ざって、私も希望して永岡隊に入りました。

一五歳の小娘が何をするのかと、みんな腑に落ちなかったでしょうが、農園があったので働くことは慣れていました。でも、小さかったのでお姉さんたちの足手まといになったと思いますが、水汲みと飯運びなら大丈夫ですと、希望してやりました。永岡隊は、この今帰《なき》仁森《じんむい》に来る前の二週間は識名《しきな》という所にいましたが、その時はあまり激しい爆撃もなかったので、（その時に）看護指導を受けました。包帯の巻き方、三角巾の使い方、応急処置の仕方などを衛生兵から習いました。いきなりそういう指導を受けても身につくわけはないので、炊事の方を受け持ったわけです。

【激化する首里攻防戦】

擲弾筒《てきだんとう》の（第一小隊）陣地で五月上旬からは死傷者がどんどん出ましたが、治療する場所がないんです。陸軍病院は首里城の裏の壕にありましたが、首里城めがけて弾を撃ち込んできますから、患者を運ぶ途中でやられてしまいます。山部隊（二四師団）という所から患者を運んだお姉さんたちが戻るとき、焼野原になった首里の町で隠れる場所がなくて迷っていたら、日本兵にスパイではないかと疑われて永岡隊の所に連れてこられました。焼野原になったあんなところを女が二人でうろうろしているということは、スパイに違いないと疑われました。石部隊（六二師団）の渡辺という少佐に散々悪口を言われて、このお姉さんは自分が持っている手榴弾《しゅりゅうだん》をぶつけてやろうという気持ちになって、方言で「殺してやろう」ともう一人のお姉さんに言ったところ、永岡隊長が「方言を使ったけどどこの出身か」と聞かれました。そして「いきさつを方言でもいいから話してごらん」と言いました。そうすると、その人は隊長の中学生時代の同級生の子どもだったのでした。同級生の弟さんも小学校の校長をしておられたため永岡隊長と縁のある人でした。「お前らはスパイか慰安婦だ」と疑われていたのですが、その証言でスパイ嫌疑が晴れ、そのお姉さんたちは永岡隊に合流することになりました。看護のベテランだったので大変助かりました。

その後、新都心辺りも見込みがないということで、永岡隊長は、最後は安國寺*だということで夜中にここを脱出して五月一八日に安國寺の境内に行きました。お寺は既に焼けています。今の首里高等学校、当時の一中もコンクリートの焼け跡だけが残っています。首里の町も焼野原になっていました。安國寺の壕は、それまで一中健児隊が使っていましたが南部に撤退して、永岡隊の生き残りがそこに入ったわけです。ちょうどいま私たちが立っているところには第三小隊の壕がありましたが、直撃弾が当たり二〇数名のうち生き残ったのは五、六名でした。ここも永岡隊の一部の兵隊さんが陣取っていたところです。

この辺りが首里城を攻める日米の最後の戦場だったと思います。南を除く三方から首里城めがけて撃ち込まれた弾が二〇万発と言われています。本当にどこから撃ち込まれるかわからないほどの弾の雨でした。写真もありますが、首里の町の弾痕をみると、こんなにも弾が落ちたのかというほどでした。戦後、工事をするたびに弾が何発出たということが続いています。私は、首里高校の二期生で、戦争の翌年は首里の残骸の中で生活しました。仮の寄宿舎に百名の女生徒がいましたが、まわりは不発弾がゴロゴロです。首里城の周りには遺骨もありました。飯炊

安國(禪)寺：太平山安國寺。臨済宗妙心寺派の寺院。創建は 15 世紀中頃、17 世紀後半現在地に移転した。沖縄戦で焼失したが後再建された。

安國禪寺

きをするにも薪がありませんから、瓦礫の山を歩いて燃やせるようなものを拾い集めて、炊事のおばさんに提供していました。首里一帯に撃ち込まれたアメリカの爆弾というのは数えられないほどでした。

◇証言場所：安國寺の永岡隊慰霊碑（那覇市）

【安國寺の壕へ移動】

ここに刻まれている永岡隊の英霊の皆様は、十十空襲のあとに部隊が編成されて集まった皆様です。普通の軍隊とは違って、全員が顔見知りでもないわけです。いつでも集まれるようにしておきなさいという令状〈赤紙〉は既にもらっていた、特設警備招集隊です。沖縄をリードする立派な方々がこの部隊に集まっていました。ここに刻まれてない方もいらっしゃいます。隊長さんは一中、今の首里高校の教練の先生でもいらっしゃったし、安國寺の住職でもあられたわけです。第一小隊長は、戦後初代の那覇市長になられた当間《とうま》重民《じゅうみん》さん、当時貴族院議員でした。第二小隊長は城間《しろま》正三郎《せいざぶろう》さん、この方は商業学校の教練の先生。それから、第三小隊は喜納《きな》信吉《しんきち》さんとおっしゃる、二中、今の那覇高校の教練の先生。水産学校、商業学校、沖縄の中学校の教練の先生が皆ここに集まっておられます。生き残った当間重民さんは、倒れているところをまだ脈があるとアメリカ軍に助けられました。あとはほとんど戦死なさいました。

これは三番目の慰霊碑ですが、最初の慰霊碑に刻銘された方、二番目の慰霊碑に刻銘された方と増えましたが、それでもまだ不明の方がいらっしゃいます。戦場というのは、一人ひとりのお名前も確認できない。それがまだ続いています。でもきっと、皆様が呼び寄せて、天国ではご一緒しているのではないかと思いながらいつも拝んでいます。

ここの壕に今帰仁森《なきじんむい》から移動してきたのが、五月一八日の夜でした。一中健児隊《(ママ)》の五年生が、永岡隊の方と一緒になって壕の裏側の壁をぶち抜いて通り抜けができるようになっていました。ここは大変広い壕で、戦前は沖縄の特産品であるパナマ帽を編む場所でした。パナマ帽は真っ白い帽子ですから、薪を使う普通の家では煤が付くので良くないのですが、壕の中は湿度も良くて煤《すす》で汚れないので作られていました。安國寺には当時唯一の幼稚園もありました。だから、当時の幼稚園を出た人たちも、壕の中に入って、こうだったよというような思い出を語ってくれます。それくらい広い壕でした。そこに一八日の夜、裏道を通って安國寺のこの壕に入りました。一中勤皇隊《(ママ)》との入れ替わりでした。永岡隊の第一小隊、第二小隊などの切り込み隊に行った。

て生き残った人たちも、ここが最後の場所ということで集まりました。

【安國寺の壕の様子】

ここでの生活は、今帰仁森《なきじんむい》とも違って首里城のおひざ元ですので、それこそ弾の雨でした。水汲みも飯炊きも大変でした。ここに来てからは飯炊きをする方々はおられません。指揮班の女性と兵隊さんたちで小さなかまどを何とかして作って、煙が外に出ないように注意しながら、小さな鍋でご飯を炊いておにぎりを作っていました。足りないときは、乾麺麭《かんめんぽう》*、乾パンです。海軍や航空兵の乾パンは大きくて五センチ、一〇センチくらいですが、陸軍のは小さくて、縦横三センチくらいですか。食料にも差がありましたが、それを五、六個と水を飲むだけが命の糧でした。晩になったらどうにかご飯を炊いて、一日一食は食べ物らしいものを食べて、あとは乾パンと水という状況でした。安國寺の井戸に直撃弾が落ちて使えなくなって、二軒ほど離れた家に、朝早く行って、遅くとも六時までに水を汲まないといけなかった。水がないと生きていけませんので、その時は私だけでなく総動員で水汲みをしました。

ここの壕は広いのですが、他の部隊の応援に行ってけがをして帰ってくる兵隊さんが多くい

乾麺麭：明治期の大日本帝国陸軍が欧米の軍用ビスケットを改良して作った携帯口糧「重焼麺麭（じゅうしょうめんぽう）（重焼＝回数を重ねて焼いた麺麭＝パン、すなわちビスケット）」。「重焼」が「重傷」につながることから日露戦争以後「乾麺麭（乾燥させたパン、の意）」と呼称が変更され、昭和期には味形共に現在の小型乾パンと変わらないものとなり、呼称も「乾パン」となった（『学生が聞いた 一中鉄血勤皇隊―沖縄の男子学徒たち』を参照）。

ました。でも、薬もない、軍医もいない。治療ができないのです。衛生兵が一人いましたが、治療どころではない。「けがをした場合には水を飲ますな」と言われていましたが、何もできないので最後には飲ませていました。やはり水を飲ますと、傷の大きい人たちの出血がひどくなります。爆撃もどんどん激しくなるので外に出られない。二七日、何名か判りませんが第三小隊が儀保《ぎぼ》、平良《たいら》の戦闘の応援に行って、喜納《きな》小隊長など八名がすぐそばのお墓の所までたどり着いたにもかかわらず、爆弾でやられて、「小隊長がやられた」と大きな声を張り上げて、取り乱して、最終的に戻ってきたのは四名でした。当番兵の石原さんが「ご苦労、ご苦労」と言って、水と残っていた食べ物をあげて、中で休ませました。

【最後衛命令と安國寺壕の最後】

三二軍が南部撤退を始めた日が（五月）二七日です。その晩、自然の雨と弾の雨が降る中を、糸数先生が三二軍の命令を伝えに来ました。永岡隊は郷土部隊だから最後まで残れという命令が出ました。子どもながらに「ひどいなあ」と思いました。三二軍が撤退した後は、首里を守る部隊は、私が知る限り壕の中にいる三〇名くらいしかいません。私の担任の糸数先生は、私を見つけると頭をなでて何もおっしゃいませんでした。胸が詰まって何も言えなかったと思います。頭と肩をたたいて、雨の中を出ていかれました。「先生どこに行かれるの」と聞いたら、「うん」と何も言わずに行かれました。それが先生との今生の別れでした。この崖下の所で、出ていかれる先生を見送りました。

その翌日、いつものように朝早く水汲みに行きました。二回目の水汲みのとき、歩哨兵《ほしょうへい》*が「トンボ*だぞー」と叫びました。いつもは六時頃で、偵察機はこんなに早くは来ません。早いなと思いながら急いで壕に駆け込んだら、ゴーという音がしました。いつもとは違う音です。歩哨兵は「戦車が来た」と言って壕に飛び込んできました。キャタピラーの音が止まったと思ったら、戦車砲が壕の中に撃ち込まれ、昨夜くたくたになって帰ってきた第三小隊の生き残りのおじさんたちを直撃しました。戦車砲のあとは火炎放射器で入口の土嚢などが燃え始め、中まで火が移ってきました。壕の中は煙が充満して、息苦しくなり、追い打ちをかけるように黄燐弾《おうりんだん》が投げ込まれました。息ができないので絶体絶命です。幸い私たちは、十十空襲で裁判所が焼けたときに残った書棚、金庫と言っていましたがその裏にいました。そこには、お寺の本尊などを置いていました。そのお陰で、戦車砲や黄燐弾の直撃には遭いませんでした。右にいた兵隊さんは直撃を受けて、

歩哨兵：軍隊で監視などの見張りの役割をもつ。
トンボ：米軍の小型偵察機の俗称。見つかると必ず艦砲射撃があったといわれている。

旧都ホテル敷地内にほぼそのままの姿で残されている松川樋川

見る見るうちに目の前で燃えていくんです。暴れながら焼かれていくんです。私たちも息苦しい状態です。書棚の中には防毒面があって、石原兵長の「防毒面着手」という声がしたものですから、近くにいた人がそれを配って、それを被った人たちは窒息死しないで済んだんです。壕の上の方で、ギリギリという音が始まりました。そうしたら、隊長殿が「馬乗り*されたな」とおっしゃった。その音が消えた後に、ババーンという大きな音で壕が爆破されました。それっきり判りません。

【安國寺壕の脱出】

どれくらい時間がたったのか判りませんが、奥の方から「隊長殿、隊長殿」という声が聞こえま

馬乗り：壕や洞窟の中にいる日本軍に対して米軍が行った攻撃のこと。火炎放射器や爆弾などを使い、中にいる人びとを全滅させることを目的とする（『オキナワを歩く』Ⅳ）を参照。

した。渡嘉敷のおじさんでした。「渡嘉敷はもうだめです、お世話になりました。お先に」と言ったものですから、隊長殿は「ご苦労だった。先に行っておけ。わしもすぐに行くからな」と言いました。渡嘉敷のおじさんが「安子さんもいるか」と言いましたので、私は煙で目が見えなかったので「おじさんどこにいるの」と言って手を出して探り当てるとそのまま息を引き取りました。そのようにして生き残ったのは、隊長、当番兵、衛生兵、女性六名でした。あとは物音がしません。しばらくじっとしていました。

当番兵の石原さんが壕の外を見て日が暮れているのを確認して「これから壕を脱出します」とおっしゃるんです。隊長は、「自分はここが最後だから脱出はしない」と言われます。隊長と石原さんの言い争いが続きました。三二軍から永岡隊も転進先を探してよいという許可が二二日に出て、先発隊が南部の具志頭《ぐしちゃん》に壕を確保しに行っています。石原さんは「先発隊が待っているから、ここで死ぬわけにはいかない。隊長、脱出しましょう」と。九時過ぎだったと思います。石原兵長が先頭になって、隊長殿がその後になって。出るときになると、隊長殿が「安子ここに来なさい。私のベルトのここをつかみなさい」と自分のベルトをつかませました。親心ですよね。隊長殿の剣のベルトがあります。そこをつかまえて続いて出ました。

安國寺壕のあった場所
眼下のアスファルトまでが、おおよそ転げ落ちた崖の高さを示す

照明弾の明かりの中で見た景色は、本当に恐ろしい情景で。首が壁にポンとくっついているし、中身の破裂した人、手足が周りに散っているし、地面は血の海です。あの照明弾の明かりで見たあの情景、ここをどのようにして私たちは歩けばいいのか。子どもながらに、私、足をどこに置けばいいのかと思いながら、隊長に引っ張られて三歩か四歩歩いたところに、黒い岩と思ってそこに足を置いたら死体でした。雨に濡れて、血の海で、すってんと転んで崖から転げ落ちました。そこで部隊とはぐれてしまいました。同時に、上で待機しているアメリカ兵が自動小銃をバラバラと乱射しました。その弾は、私のリュックを貫通して左の背中から脇に抜けたようです。あとで背負っていたリュックがなくなっていることで判りました。

【一人ぼっちの逃避行】

　そこで何時間いたのか判りませんが、死体の中にいたようです。目が覚めたら、死体の中だったため、死体の中は嫌だと言《は》い出してみたら、ちょうどここの裏の通りでした。下からアメリカ兵が四名、掃討《そうとう》作戦をしながら歩いてくるのが見えます。照明弾でそれくらい明るいんです。アメリカ兵に殺されると思って横を見たら、日本のトラックの残骸があってその周りには日本兵の死体が並んでいたので、そこに隠れて死んだふりをしていました。日本の軍隊は、中国でも死んだ人を刺して通ったと聞かされたこともありましたので、刺されるのではと思っていましたが、アメリカ兵はそのまま横を通り過ぎていきました。それから這って下の道まで下りました。のどが渇いてしょうがない。一日中、飲まず食わずでした。傷の痛みより、のどの渇きの方がひどかったです。坂道を降りたところに湧き水の出るところがあったことを思い出して、そこまで這って行きました。そこには死体が二つ浮いているもんですから、それをよけて顔を突っ込んで水を飲みました。

　今度は背中が裂けるような痛みを感じ始めました。背中を触ると、手にべっとり血が付きました。私は背中をやられているということがわかりました。水を飲んだら出血がひどくなるということを思い出して、出血を止めるにはどうすればよいかと考えました。モンペのひもに応急手当

平和の礎

て用の三角巾があったので、応急手当のことを思い出して自分でしっかりと縛り付け止血をしました。

それからずっと匍匐《ほふく》前進で金城町の石畳の所まで這い出て、ゴロゴロと日本兵の死体がころがっている間を通り抜けて、識名《しきな》に抜ける坂の所まで来たら橋が無くなっています。撤退するときに橋を壊していくんですね。私は子どもですから、そこで大きな声で「お父さん、お母さん、助けに来て。私ここにいるけど、ここで死にたくない。助けに来て」と大きな声で泣きました。戦場は死体だけで誰もいません。泣けるだけ泣きました。そしたら黄燐弾が降って来たんです。空中から銀色のものが降ってくるんですよ。それにあたると火傷しますます。どんなふうに座っていたのか判りませんが、ちょっとした岩があってその影に隠れたら、ここ（左側の太股あたり）にギラギラのそれが当たりました。早く取り除けば火傷しない。カッパを脱いで捨てたら、長く跡が残っていましたが軽い火傷で済みました。ここで死にたくない、どうしようと橋を覗いたら、欄干の所に丸太のようなものが一つ架かっており、近くにあった棒きれのようなもので叩《たた》いたら木の音がしました。周辺は松林だったので、私より前の人が倒れた松を架けたんじゃないかと思います。欄干において、松を這いながら向こう岸に渡りました。

そこから死体の様子が変わるんです。民間の人の死体も混ざっています。金城町の石畳の死体はみんな軍人です。照明弾の明かりで見えるんです。川を渡ってくると避難民の死体があります。その間を抜けて識名園の所まで行きましたら、溝の中から「女学生さん」という声がするものですから、何故女学生とわかるのかなと思いました。多分、勤皇隊《きんのうたい》か、誰かで、首里城にいた人がけがをしてそこに休んでいたんじゃないかと思いましたが、私はけがをしていて助けることはできません。「ごめんなさい、あとからくる人がいるかもしれません」ということで、そのけが人を見捨てて真和志《まわし》の体育館のある所まで墓の間を通り抜けて行きました。いきなりきび畑の中から日本兵二人が飛び出してきてこの小さな女の子（安子さん）を捕まえたんです。

「お前スパイだな」

「私はスパイじゃありません」

「どこから来たか」

「首里から来ました」

「首里のどこか」

「安國寺からです」

「名前を名乗れ」

名前を名乗りました。

「永岡隊という部隊にいたけど、みんなと離れてしまいました」

「隊長名を言え」

初めてそこで、隊長殿にお会いしたときに先生が「隊長のお名前は永岡敬淳だよ。覚えておけよ」と言ったことが役に立ちました。フルネームで答えたんです。そしたら、「隊長以下七名が四時間ほど前にここを通った。お前も国場川《こくばがわ》を泳いで渡れ」と。私は「けがをしているので川には入れません。一日橋を渡ります」。「一日橋に行ったらやられるぞ」と、その兵隊が私に道を教えてく

永岡敬淳隊長（養秀会館提供）

れましたが、私は隊長殿の後を追わずに、南風原《はえばる》、東風平《こちんだ》を通って目的地に向かいました。

【おわりに】

皆さんにはわかりにくいところもあるかもしれませんが、やはり戦争はあってはいけないんだ、ということです。人間が人間でなくなる。お互いに敵も味方も、個人同士は憎みあう理由は何もないです。国の、政治の動きでそのように操られた教育で私も軍国少女になって、親兄弟よりもお国のために役立つのが良い国民だと植え付けられた教育の恐ろしさを、戦後は反省しました。私たち体験者が生き残っている間は話もできますが、そのあと、平和のありがたさ、命の大切さを皆さんが語り継いでくだされればありがたいと思います。よろしくお願いします。

証言

沖縄戦終盤と遺骨収集活動

平成三一年（二〇一九）三月一日

「魂魄の塔」（小野田正欣蔵、那覇市歴史博物館提供）

魂魄の塔建立に尽力した金城和信（真和志村村長）

◇証言場所：魂魄の塔（糸満市）

「魂魄の塔」補足（いのうえちず）*

これは沖縄で最初に出来た慰霊塔の三つのうちの一つ「魂魄《こんぱく》の塔」です。民間の人たちは、投降して捕虜に取られたとよく言いますが、アメリカ兵に捕まると民間人収容所に収容され真和志《まわし》村の方々は戦後米須《こめす》の辺りに連れて来られました。皆さんが歩いてきた「ひめゆりの塔」もこの辺です。そこから米須の三叉路、「瑞泉《ずいせん》の塔」があるあたりを曲がって畑の中を歩いてきましたね。その道の両サイドにアメリカ軍が残したテント村がありました。そこに真和志村の方々が収容されていました。そこでのお話を翁長安子さんにお聞きします。

【首里から南部への避難】

昨日の話の続きになります。私は、首里の戦場から一人で南風原《はえばる》村、東風平《こちんだ》を通って、東風平国民学校の前で倒れているところを近所のおじさんに見つけられて、そこで助けてもらいました。けがをしている体を見て、「一般の人は治療してもらえないけどあなたは従軍していたか

いのうえちず：沖縄の時代と世代をつなぐ知的好奇心マガジン『モモト』の編集長。沖縄戦証言活動の援助を幅広く行っている。

ら治療してもらえる」ということで、八重瀬の病院壕＊に連れて行かれ治療してもらいました。それから目的地の具志頭《ぐしちゃん》の安里《あさと》という所まで一人で行きました。でも永岡隊の先発隊のおじさんたちはそこにはいませんでした。壕が見つからずに糸洲の方に行ったと、地元のおばさんに聞かされてがっかりしました。そのおばさんが、あなたはけがをしているからと、ニンニクと塩をくれました。沖縄では春に収穫したニンニクを軒につるして薬の代わりにしますが、そのニンニクを傷口につけるとウジがわかないと言われました。それを食べ、塩をなめ、お芋を食べさせてもらって、三か月ぶりに床に一晩寝かせてもらいました。

翌日、道で糸洲の方角を訊ねていたら、首里からの兵隊さんたちが来ました。肩をけがしている兵隊さん、足を怪我している兵隊さんがいて、ウジがわいていました。そのウジを私はススキの根っこを使って一緒にかき出しました。そして、ニンニクを噛んで傷口につけると、肩のウジはポロポロ落ちましたが、足のかかとのウジはますます大きくなるばかりで一晩で二倍くらいの太さ、小指くらいの太さになりました。体の栄養分をこのウジが吸い取ったような感じで、兵隊さんはぐったりしていました。それでも、糸洲に先発隊がいるということを聞いたので、三名は勇気を出して、安里の製糖工場の跡でしたが、翌日そこを出発しました。

八重瀬の病院壕：第 24 師団第 1 野戦病院が置かれていた。

左に行くと三二軍が移動してきている摩文仁丘《まぶにがおか》で集中攻撃を受けるから、真壁《まかべ》を通って行きなさいと教えられました。一五歳の小娘が二人のおじさんを案内して、真壁村を通り、牛の歩みで遅いので一晩野宿しました。翌日畑で芋ほりをしているおじいさんに道を聞きました。その周りには浦添《うらそえ》や宜野湾《ぎのわん》から来た避難民が朝早くから一生懸命食べ物を探していました。その方たちの話を聞くと、南部に行けば大丈夫と言われて来たけど、入れる壕もない、食べ物もない、どうしていいかわからないから、みんな木の下に座ったり、石垣にもたれたりしているとのことでした。何百人という人が右往左往しているという状況でした。そこをかき分けるようにして、やっと糸洲《いとす》にたどり着きました。首里から生存者が来たと大騒ぎになりました。私も意識が朦朧として、翌日の昼、目が覚めたら足を怪我したおじさんが亡くなったことを聞きがっかりしました。でも、「頑張って仲間の所まで来て死ねたから良かったんじゃないか」と皆さん言ってくれました。

弾が雨のように降る首里からすると、戦場とは思えない静かな一週間だったので目的地までたどり着けたように思います。それから二、三日たって、隊長一行が轟《とどろき》の壕にいるということを聞きました。それで無性に会いたくなって、糸洲の壕から轟の壕まで会いに行きました。「よくぞ首里から生き延びてきてくれた」と言って、隊長は私の頭をなでてくださいました。本当に、父親にでも巡り合ったような気持ちでした。それからそこを出て糸洲の壕に行き、集まることができたのは四〇名くらいでした。そうすると、歩けるものは宮里、糸満などの戦線に出陣せよという命令が来ました。せっかく首里から生き延びてきた永岡隊でしたが、多くが糸満の戦場に向かい、帰らぬ人となりました。南部に来てまで永岡隊はそのようなひどい目にあいました。

その後、私たちは糸洲の壕にとどまることが出来なくなりました。キビ畑でキビを取っている人、芋を掘っている人も、戦車、火炎放射器で焼かれていきました。避難民も、どこに逃げればよいのか、道なのか、畑なのか、人の群れなのかわからないほど、昼間は身動きできません。夕方になると避難する人の波で一杯になりました。避難民の様子も様々です。おぶっている子が生きているのか、死んでいるのか、わからないような状態です。おじいさんが、もっこ*の一方には死んだ子どもを、もう一方には鍋釜を乗せて移動している。道端には、死んだお母さんのおっぱいを吸う子ども。もう、表現のしようがありません。木の枝には、爆弾で吹き飛ばされた死体がぶら下がっている。あの情景は言葉では表現できなくて、本当に人間の行動の醜さというんですか、弾が人間を皆殺しにするというような情景は表現できません。

そのようにして六月二二日。ここから一キロくらいの地点の山城の壕に、生き延びた永岡隊

もっこ：縄や竹、蔓などで編んだ運搬用の道具。

は入っていました。もうそこでは、戦闘どころではなく、弾が雨あられのように降ってきて一歩も外に出られません。水も、食料もない、壕の中に潜むだけでした。四日間その壕の中に潜んでいる間、命を長らえたのは鍾乳洞から落ちるしずくを、住民が壕に残していった湯飲みなどに数時間かけてため、みんなで分けて飲んでいました。何も食べないと脳が死ぬというので、衛生兵が岩を削ってくれました。口に入れると塩分があるので唾液が出ます。それと鍾乳洞から落ちる水をなめて過ごしました。

【アメリカ軍への投降】

四日目の朝（六月二二日）、アメリカ軍の拡声器から「住民の皆さん、今日は弾を撃ちません。手を上げて出てきてください。無抵抗の者は殺しません。出てきてください」という放送が流れてきました。その時に、永岡隊長が、「今日は最後の掃討戦があるので女子供は足手まといなるので壕から出せ。投降させなさいという指令が来ている」ということをおっしゃいました。それでも私たちは、捕虜になるといろんな目に遭わされるということを聞いていましたので投降する気はなかったんです。けれども隊長殿がおっしゃったことは、「君たちは若い、生きてくれ。生きてこんな戦があったことを語ってくれ」、こうおっしゃいました。それでも返事はしませんでした。そしたら隊長は懐の中から数珠を、もともと安國寺の住職ですから祖先伝来の数珠をずっと持っておられて、その数珠を出して私の首にかけて、「安子さんご苦労さん。生きてくれ、生きていればだれかに出会うだろう。これを預かってくれ」と言われ、首にかけてくれました。生きてこの数珠を届けなさいということだなと思い、初めて「はい」と返事をしました。「持っている手榴《しゅりゅう》弾《だん》は置きなさい。手ぶらで出てくれ」とおっしゃいました。一八歳になる具志堅さんという方が、「僕が先に出ます」と言って、歩けない私をおぶって壕を出ました。井戸のような壕ですので、三段階になっていました。その二段目まで上がったときに、二世のアメリカ兵が「大丈夫だ」と言って私を引っ張り上げました。それから中にいる皆さんが出てきて、八名一緒に投降しました。

外に出ると同時に、ものすごい死臭、銀蠅で、息もできないような状態です。死体は山のようにありました。二世の兵士、他のアメリカ兵が三名ほどいましたが、一緒になって連れて行かれ、先に捕虜になった人たちの群れの中に入れられました。そこで身体検査をされて、真っ先に取り上げられたのが数珠でした。私は、しがみついたんですが、あとから来た姉さんたちが「安ちゃん手を離して、みんな殺されるよ」と言ったものですから手を離しました。「これほど大事な数珠を取り上げられてたまるものか」と思いましたが、みんなの命には代えられませんでしたから手を離しました。その数珠はそれっきり戻ってきません。アメリカの戦勝品として持って行かれたのでしょう。

【石川の収容所生活】

それから豊見城《とみぐすく》に収容所があって、二晩そこに寝かされて、夕方になったら次々にトラックに乗せられてどこかに連れて行くんです。どこかは判りません。一緒だった仲間がバラバラになって、一人ぼっちになりました。トラックに乗せられて北の方に行きます。一〇数台のトラックのおしまいから二番目くらいに乗せられて、あとで判ったのですが、着いたのは中部の石川という所でした。そこで、孤児として七か月の生活をしました。七か月一人ぼっちで生活するのは並大抵のことではありません。着の身着のまま、所持品ゼロ、一〇〇人くらい入る割り当てられたテントの中には、子どもと、年寄りと、けが人だけしか入れません。若い者は野宿です。紙袋が三枚配られ、二枚は敷いて、一枚は被る、石川の町は砂地でそれができたと思います。六月の真夏ですので寒さはないです。

一日おきに六キロ離れたところで芋ほり作業をして、食べるものもろくにない生活をしたせいか、二か月くらいたったときに高熱を出してアメリカ軍の病院に運ばれ、四、五日居たようです。意識が戻ったときには、髪は切り取られ、着ているものもはぎ取られ着替えさせられていました。その後収容所に返されましたが、病人ということで芋ほり作業は免除されました。

石川という所は早くから収容所ができたところで、そこでは学校が始まっていました。[*] 南部では戦争をし、北部では収容所で学校が始まっているんです。石川高校が始まるので、戦前の「小学校、中学校の生徒は集まれ」というお触れが出ました。私もそこに行って、一か月通っているときに、「真和志《まわし》村民集まれ」という知らせが来ました。嬉しくてたまりませんでした。親兄弟のことは少し前に分かっていたのですが、会うこともできずにいました。

【米須の収容所への移動】

沖縄全島に十一の住民収容所がありました。その収容所から各市町村に帰ることが許されるところと、許されないところがあったのですが、現在の那覇市になっている小禄《おろく》、那覇、真和志《まわし》、首里はほとんど帰ることが許されない。真和志村は帰れないものですから、金城和信

＊ 石川収容所では５月７日に初等学校が開設されている。

天幕小屋（テント村）これが村民の住む家であった*

さんが玉城の軍政府の近くにおられたようで、軍政府と交渉して真和志村民をここ米須に集めたそうです。ここには南部の掃討作戦をしていたアメリカ軍部隊のテントがありました。それが引き揚げたあとのテント小屋を真和志村民が利用することになりました。一九四六年一月二〇日から二五日にかけて集まりました。私は二五日に来ましたが、懐かしい顔に出会って私は泣きました。金城さんのところの貞ちゃん、信子姉さんと「三人で一緒に行動しようね」と言っていたのにそれが出来ずにいたので、二人のことが気になったのですが、いませんでしたのでがっかりしました。

割り当てのテントに行く道すがら、足を草むらに入れるとゴロッとするのが人の頭。足の踏み場もないほどこの一帯は遺骨がゴロゴロしていました。畑の畔道、溝、

金城和彦著『殉國沖繩學徒隊　愛と鮮血の記録』（國會財政研究委員會出版局、國洸社、昭和 41 年）より。〈金城和彦様および関係者の方がおられましたらご一報ください〉

テントが張られてアメリカ人が生活したというにもかかわらず、お骨がゴロゴロしているわけです。アメリカの兵隊はそのままにしていたわけですが、私たちはそのままにしておくことはできません。同じ人間として戦争で犠牲になった亡骸を踏みつけにしては人間の生活が始められないと、金城和信村長さんが考えられ、まず真和志村民は遺骨収集をやろうということで始めました。でもなかなか（アメリカ軍から）許してもらえなかったそうです。日参してやっと許しが出ました。そこには二人の娘を同時に失った父親としての思いもあったと思います。

ここに移動して二週間くらいで糸満高校が開校され、戦前の中学生、女学生は糸満高校に編入しなさいということで、四〇名くらいが高校に通い始めました。男子生徒を先頭に、女生徒が一二名くらい、ここから糸満まで通ったんですが、当時は連合軍がこの一帯を我が物顔で往来していました。危険があるということで、女生徒だけは朝は小さなトラックで送ってもらうこともあったのです。一週間目くらいの、それがなかった日のことです。途中にバックナー中将の慰霊碑があり、アメリカ兵は毎日のようにお参りに来るのです。遊び人の黒人が一杯いるところの前を通らなければいけないのですが、二人の黒人兵から女生徒が追っかけられて一人がとらえられそうになったところを、男子生徒が石をどんどん投げつけて何とか女生徒を連れ帰るということがありました。そんな目にあってまで学問をする必要はないということで、女生徒は通学禁止になりました。

【遺骨収集】

そこで、女生徒はアメリカ兵の服から孤児の服を作る作業をしましたが、その後、糸満高校真和志分校が出来ました。その頃、遺骨収集はずいぶんやっていたので私たちもお手伝いしなければと思っていました。分校が出来てそこに通い始めてから、遺骨収集のお手伝いを始めました。高校の三年、四年は収骨隊のおじさんたちの指導を受けて、道具も何もないけど始めました。道端や岩陰、屋敷の軒、大きなガジュマルの樹の下などには家族ぐるみで座ったまま亡骸になっていました。戦後七か月たっていたので、畑に埋められているお骨が栄養になって、草やとうがん、サトウキビなど、緑が大きくなっています。その下には必ず人間が埋まっている、人間の肥料で草木が繁茂している。そこを掘ると間違いなく死体がある。逃げながら、「あとで迎えに来る」と言って家族などが埋めていますから、深くは埋めていません。少し土を掘ると着物や髪などの姿が見えます。一五、一六歳の少年少女がカマス*を二人一組でもって散乱している遺骨を拾いました。

カマス：ワラやムシロを２つにたたんで作った袋。

手袋もありませんので素手です。野ざらしになって、雨風に当たったものは朽ちています。けれども少し陰になると、まだ半分朽ちてない遺体もあります。衣服も着ています。髪もそのままあります。そういう遺骨をこの手で拾って、カマスに詰めるんです。骨って肉が落ちたら軽いと思うでしょうが、そうでもないです。二人分くらいカマスに詰めると、女の子ですと持つのが精一杯です。ここら辺りまでくると、力尽きて持てずに引っ張るというような状況です。十分食べているわけでもないので力も出ません。大変な仕事でした。引きずるように運んだ場所がここです。女生徒はアメリカ兵がうろうろしているので、ＣＰ*という監視役がいます。「ひめゆりの塔」からこちらに来る途中の米須《こめす》の部落が女学生の遺骨収集の場所です。「不発弾に手を付けるな」と注意されました。たくさんありました。「上からたたくな。あなたたちは、それだけを注意して表に出ているお骨だけ拾いなさい、掘り起こすな」と言われました。

繁茂している草木、ミニトマトの茂った所を取り上げたら、大きな頭と小さな頭が合わせて三つあるんです。親子というのがすぐ判るんです。親子三名が肥料になってミニトマトが茂ったんだな、と私も子どもながらに女ですので、このお母さんがどんな気持ちで子どもを抱えて亡くなったかと考えると胸がつかえて、私も死んでいたらこんな姿になっていたのかな、と初

ＣＰ（Civilian Policeman）：民警。収容所や集落ごとに米軍当局によって任命された警察官。

めて思いました。頭が二つあって、手足が五、六名分の所もありました。直撃弾を受けて、頭が吹き飛んで胴体だけそこに残って、野ざらしになっているもの。死体の様子から見ても弾の雨からは逃れることができなかったんだ。弾は人を選ばない、無差別に殺していく。何でこんな殺し合いをしなければいけないのか。私は小さな親子の遺骨を見たときに、その日はいろいろ考えました。自分が三か月間弾の雨の中を必死に生きてきたこと、「死にたくない、助けに来てお父さん、お母さん」と泣いたことを思い出したり、人間の生きたいという気持ちは、口には出さなくても体のどこかがそう言っている。だから必死に逃げて、生きよう、生きようとして遠くからここまで逃げて来たのに、この戦争のために命を奪われていった。この無残な死に方、こういうことが二度とあってはいけない。私たち生きている者がこれからやるべきことは、何だろうということ。ここ

遺骨収集　昭和 28 年頃（糸満市教育委員会提供）

で初めて考えさせられました。

骨拾いを毎日やったあと、夕方から黒板も何もない中で、先生方の話を聞くのが私たちの勉強の始まりでした。先生たちは、学問の話よりも、「君たちはいいことをやっているんだよ。えらいなあ」と。「あれだけのお骨を、毎日この手で拾い上げて、最初は納骨所に運んで。運ばれた人たちはきっと大変感謝しているよ。平和の守り神になってくれるはずだから、頑張って明日もやってね」と先生方は私たちを激励するのが大変だったと思います。これは尋常では考えられませんよね。それを続けてきました。

私の母がやったことを一つ言います。遺骨収集をした臭いが私に染み付いていました。母と一緒に並んで寝たときに、「あなたのそばには寄り付けない、この匂いは何とも言えない」と言われました。家族のうち一人は食料探しに行くことになっていましたが、うちの母は芋も掘らずにヨモギを拾い集めて持って帰るんです。近所の人たちは、「どうして芋を掘らないでヨモギを探すの」と言っていました。どこからか鉄兜《てつかぶと》を探してきて、その鉄兜でヨモギをつぶして、遺骨収集から私が帰ってくるのを待っています。私が帰ると、「このヨモギの汁で手足を洗い、そのあとは海岸の湧き水で手足を洗っておいで」と、私の体に染みついている臭気を少しでも和らげようとしました。母の行為をありがたく思いました。

【慰霊碑の建立、慰霊祭の開催】

そのようにして二月の末に「魂魄《こんぱく》の塔」はまだ完成していませんが、糸満地区の（米軍の）隊長が交代するということで、お礼の集会を兼ねて「魂魄の塔」の慰霊祭が初めて行われました。その慰霊祭のときに、幸い那覇にある真教寺のお坊さんと安里のお坊さんが生き残っておられて、一緒に供養をされました。翁長助静《おながじょせい》先生は、私たちと遺骨収集をしながら、慰霊祭の前に歌を作られました。

「和魂《にぎたま》と　なりてしずむる　おくつきの　み床の上を　わたる潮風」

という歌を作って私たちに聞かせました。「あなたたちも、歌でも短歌でも俳句でもいい、今の心境を何かに書き記しておきなさい」と。その歌が戦後初めての鎮魂歌としてここに刻まれました。〈魂魄〉と

遺骨収集　昭和 28 年頃
（糸満市教育委員会提供）

いう名は、翁長助静さんと金城村長で相談して決められたそうです。あの碑の裏にその歌が刻まれていました。けれども、五〇年経ったころからは読みにくくなりまして、これでは困る、いつまでもこの歌は残さなければいけないという私たち真和志ハイスクール*の教え子たちが思い立ってあの新しい歌碑を建てました。

話は戻りますが、ここ（魂魄の塔）ができた後、「ひめゆりの塔」に移ります。金城和信村長の次女の貞子さんが、第三外科壕にいたことを同窓生の伊波《いは》文子《ふみこ》さんから聞き、貞子さんの最後が今のひめゆりの塔の所とわかったので、ご両親も遺骨を拾うために中に入りました。しかし、もうお骨らしいのは残っていませんでした。その二、三日後に私と同級生、お坊さんお二人、翁長助静さん、収骨隊のおじさんたち七名で初めて「ひめゆりの塔」の下にある第三外科壕に入りました。ロープ伝いに入っていきました。既にアメリカ軍がガソリンか何かよく分かりませんが、みんなの推測では火炎放射器ではなくガソリンだろうということでしたが、（焼いてしまい）骨らしいものは残っていませんでした。壁際を探すと、石鹸箱とか、万年筆とか焼け残った髪とか、そういうものが少しあるだけでした。あの壕の中で亡くなった六〇数名のお骨はありませんでした。拾い上げた

真和志ハイスクール：糸満高校真和志分校のことを分校生たちは真和志ハイスクールとよんでいた。

ものは、金城さんの奥さん、貞ちゃんのお母さんが奇麗に洗い清めて、石川におられる学徒の引率者だった仲宗根政善先生のところに届けられました。

（壕は）危なくて覗けませんでしたので、周辺をきれいにして、淵には石を積み上げて、おじさんたちが土を入れて、近くの野山から球根を探してきて植えたりしました。一、二年は咲きましたが今はありません。そういうようにしてできたのが「ひめゆりの塔」です。そして四月七日に村民をあげて、糸満にも同窓生が何人かいたので、その方も呼んで慰霊祭をやりました。

「終戦直後のひめゆりの塔」〈上〉・「ひめゆりの塔」慰霊祭〈下〉
（『大琉球写真帖』関連、那覇市歴史博物館提供）

それからひめゆりの乙女たちだけではなくて、沖縄戦でなくなった女学生も一緒に祀ろうというのが第一回の慰霊祭でした。続けて、男子生徒のことも真和志小学校の校長先生をしておられた大瀬良三郎先生の次男が、師範健児隊の中におられたということで「健児の塔」のある場所が見つかりました。白骨がゴロゴロしている、戦車がひっくり返っているすごい情景の摩《ま》文《ぶ》仁《に》岳《だけ》に高校の男子生徒、四年生たちが村長さんや奥さんや、何人かのリーダーの方たちと一緒に師範健児の方がおられた場所を探し求めて、見つけてきました。行ったときに感じたことは、中に入ると毛布にくるまって二人が抱き合っている遺骨や、まだミイラ状態の人も何人かいました。遺族が見たらすぐわかるくらいのミイラもありました。そのミイラ状態になっている人は、崩す気持ちにはならないですよね。そっとして帰ってきました。そこは収骨せずに、あとで、その中に納骨堂が設けられて、真壁村の村長をしておられる方が提案されて中に納骨堂を作られて「師範健児の塔」として今祀られています。

【おわりに】

私たち真和志村民は遺骨収集を「魂魄の塔」から始めて、「ひめゆりの塔」「健児の塔」まで、ここにいる四か月間でこれだけの仕事をして、五月には自分たちの村に近い嘉数台地に移動していきました。その後、「この村の人たちは、これだけの遺骨のある田畑をどのようにして開墾していったんだろう」と一年あと、二年あと、ここに立ち寄るたびに思いました。

　鍬《くわ》を振り上げてはいけないよ、下に弾が潜んでいるかもしれない。小さなショベルで横から土を起こすんだよ。骨を拾うときに「ウンチケーサビラ（ご案内いたします）」「グブリーサビラ（失礼します）」と挨拶をして亡くなった人を驚かしてはいけないよ

と、おじさんたちの教えがまだ身に染みています。お骨を拾う前に必ず、「失礼します。私たちがこれからあなたたちを連れてご案内しますよ」とお祈りしてからやりなさいと言われた、あの気持ちが、今でも何かのときには出てきます。だから人間は死んでも魂は神様になって平和の守り神になっていらっしゃるから、私はこの七〇数年間いろいろとほかのことはありますけど、戦争もなく平和で暮らすことができたんじゃないかと思っています。原爆で亡くなった方々も、自分たちのような目に遭わせたくないという思いで、みんなを守って下さっていると思います。

　沖縄戦で亡くなった人、南方戦で亡くなった人、日本という国はあらゆるところで戦争を起こして沢山の人を殺しています。だからこのような戦が二度と起こらないためにも、歴史を皆

沖縄師範健児之塔

さんしっかり受け継いで、あなた方が大人になった社会でも平和が続くように世の中の動き、世界の動きを見つめて、平和な暮らしができるように行動してほしい。こんなに一生懸命勉強してくださる後輩たちがいると思うと、このおばあさんはとても心強いです。ですから、これからも沖縄だけではなくて、平和に関する、平和な世界を創るための活動を頑張ってやってくださいね。

私は自分の心に残っているうちの十分の一も話はできません。三か月間の鉄の暴風の中を生き延びてきましたので、一時間や二時間で話せることではありませんけど、今、私の心の中にあることを皆さんにお伝えし、亡くなられた皆さんにも平和の守り神としてみんなを守ってくれてありがとうという感謝の心をもってお祈りしています。今日は私の話を聞いてくださってありがとうございます。「健児の塔」「平和の礎《いしじ》」に行かれたら真和志村民がやった足跡が残っているので見学してきてください。ありがとうございました。

◇翁長安子（おなが・やすこ、旧姓善平）略歴

昭和四年（一九二九）　真和志村に生まれる。

昭和二〇年（一九四五）　永岡隊救護班に所属。六月二二日、山城の壕で投降。石川に収容。

昭和二一年（一九四六）　一月　真和志村民は米須に集められ、糸満高校に編入学。真和志分校として独立後に首里高校に編入。

昭和二二年（一九四七）　首里高校卒業（二期生）。

昭和二四年（一九四九）　沖縄文教学校を卒業。小学校教員となる。

昭和二五年（一九五〇）　翁長助静先生の従弟助栄氏と結婚。

平成二年（一九九〇）　教員を退職。

現在、沖縄戦の悲惨さを伝えるため語り部として活動。元沖縄県知事翁長雄志氏は助静氏の三男で誕生のころは同居しておられた。

◇永岡隊（特設警備第二百二十三中隊）

昭和一九年（一九四四）二月一五日、安國寺住職・沖縄一中教諭永岡敬淳大尉（当時）を中隊長と

し与那原に展開した中城湾要塞司令部の一部隊であり、沖縄県人のみで編制された。那覇市に置かれた中隊本部に常時配置されたのは四名のみで、那覇市近郊の在郷軍人約二四〇名に待命令状を発し、指揮班と三個小隊を編成した郷土部隊である。隊員の多くが県内各学校の教練教官、官公庁勤務の予備役軍人であった。

首里戦線が激化すると最後衛中隊とされ友軍部隊の南下を支援したため、中隊の戦死率は七割を超え生還したのは四二名であった。

平成二二年（二〇一〇）六月に安國寺境内に戦死者二〇〇名の名を刻んだ新しい慰霊碑が建てられ、沖縄戦の悲惨さを伝えている。

広島経済大学・岡本ゼミナール

文責　岡本貞雄

協力　広島市立大学・学長塾

あとがき

いのちをみつめる叢書特別篇第四巻を出させていただくことになりました。昨年、第一三回「オキナワを歩く」で証言をお聞かせいただいた、翁長安子さんの証言記録です。岡本ゼミの沖縄関係の出版物としては八冊目になります。

昨年「オキナワを歩く」を実施するにあたって、我々は危機的状況を抱えていました。岡本ゼミに入ると、沖縄に連れていかれ、三日間歩かされる。それも卒業までに三度も歩かされる。三日間食べられるものはカロリーメイトだけ。ハラスメント流行りのこのころ、虐待という言葉もよく耳にします。さらに一回の参加費用四万二千円が追い打ちをかけ、ついに昨年の新入ゼミ生は三人だけになってしまいました。ゼミ運営が難しくなってきているのです。ただゼミ外の有志や他大学からの参加もあり、何とか実施できました。

ゼミ生が卒業までに三度歩く以上、三コース以上行程を準備しなくてはならず、そのコース取りには毎回悩まされます。道々の戦跡で慰霊を行いながら、証言者に当時の体験を現場でお話ししていただくことを原則としてやってきました。過去一二回、沖縄全女子学徒隊に加えて、男子学徒隊も、師範、一中、三中の鉄血勤皇隊の証言を聞かせていただいていますが、毎年何人かの方が鬼籍に入られてしまいます。「お話に行きたいけれど、身体が言うことを聞かないの。診断書を出すから許してちょうだい」と言われた方までおられます。この学生たちは、広島からやってきて真剣に話を聞いてくれる。なんとしても聞かせてあげたいと思われてはいるのですが、ほとんどの方が現場に立てる体力はすでになくなっておられるのです。

さて今年はどうしたものかと心配しておりますと、不思議にこれ以上ないようなご縁が舞い込んでまいりました。前年出版した、『一中鉄血勤皇隊』の同窓会でお世話をしておられる関係者のご紹介で、翁長安子さんにお話を伺えることになったのです。

女子学徒隊や、鉄血勤皇隊は三年生以上の生徒で構成されておりましたが、翁長安子さんは女子学徒隊に入れない、第一高等女学校二年生、一四歳で従軍しておられ、知る人ぞ知る、沖縄戦をこれほど身に受けた人はいないであろうと思われる、凄まじい体験をしておられます。

首里の西側真和志村のご出身で、沖縄県下の予備役で構成された、郷土部隊、通称永岡隊に志願され入隊されました。部隊は三二軍司令部のある首里防衛の最前線に配置されていましたが、そこで炊事、水汲みなどを担われました。当時はまさに軍国少女の鏡と称賛されるべき少女でしたが、四月一日、戦闘開始当初から、首里には二〇万発撃ち込まれたという砲弾下で作業に従事され、グラマンの機銃掃射を溝に飛び込み避けつつ、飯上げ、水汲みを続けられたといいます。

深い縁で結ばれた２人（金城和信氏と翁長助静氏）の恩人の間に立つ

三二軍司令部が南部に撤退を決めたとき、郷土部隊である永岡隊は、安國寺の壕に部隊本部を置いていましたが、最後衛部隊とされ、五月二九日全軍が首里を撤退した後、ようやく南部へ向かいました。その間、馬乗り攻撃に遭い、そこにあった光景は、首や手足がちぎれ、腸がはみ出した死体が血の海の中に散乱していたといいます。壕内で、直撃弾や毒ガス攻撃に耐え生き残った七名で脱出を試みますが、崖から転げ落ち、一人になってしまわれました。背中に貫通銃創をうけ、ひん死の重傷を負われながら、軍民入り乱れ、累々とつながった死体の中を、東風平《こちんだ》を過ぎ、八重瀬にあった野戦病院にたどり着かれ治療を受けられました。

　さらに本隊を探し具志頭《ぐしちゃん》から喜屋武《きゃん》まで、南部戦線を彷徨《さまよ》われ、ようやく、轟の壕で永岡隊長と合流されましたが、残存兵力は、切り込み隊に駆り出され、戦後まで生き延びられた兵士は二割に満たなかったといわれます。最後、山城の丘の壕に追い詰められていましたが、勝敗の帰趨《きすう》が決した六月二二日、隊長命により捕虜となられました。翁長さんが語られたこの戦争体験は、岡本ゼミが二七年間にわたって聞き続けた、戦争証言の中で最も凄まじいものの一つです。

北部に疎開されたご家族と離れて、従軍されていた翁長さんは、石川の収容所で一人ぼっちの生活が続いていました。元の住所に帰ることを許されなかった真和志村民は、翌年の一月、米須に集められ米軍が残したテントで生活をすることになりました。その時、翁長さんもようやく家族と生活ができるようになりましたが、その地はいまだ白骨になっていない、夥《おびただ》しい死体が散乱しており、まともな生活が営まれるところではありませんでした。多くの住民は不発弾におびえながら、ご遺体に敬意を払われながら遺骨の収集に従事され、集められた場所に建立されたのが、魂魄の塔でした。ひめゆり学徒隊におられた友人の遺骨を探し、伊原の第三外科壕に最初に入ったのは彼女たちでした。そこに建てられたのが、ひめゆりの塔です。師範鉄血勤皇隊にいた息子の消息を探し求められ、摩文仁の丘の西側、絶壁の下に最後の地を発見され建てられたのが、師範健児の塔です。真和志村民は米須で暮らされた五か月の間に、現代において、沖縄戦を象徴する慰霊碑となっているこれらの慰霊碑を建立しておられます。

これほどの戦中戦後の地獄を見てこられた安子さんは、のちに、高校で物理の先生をされていた、翁長助栄氏と結婚されました。ご自身も小学校の先生となられ、約四〇年間那覇市の児童たちに沖縄戦のことを話し続けてこられました。管理職になることを辞退され、特に高学年の子供たちを対象にお話しされたそうです。

翁長助栄氏は米須に設置され、安子さんも通われていた、糸満高校真和志分校の校長だった翁長助静氏の従弟であり、その助静氏のご子息が前沖縄県知事の故翁長雄志氏です。真和志村民であった翁長家の方々には、沖縄戦の悲劇の記憶が身体に染みつき、心中深く刻まれております。雄志氏がお生まれになったとき、安子さんは同居しておられたそうで、その記憶が、雄志氏にも受け継がれたのでありましょう。沖縄県の自民党の有力議員でありながら、辺野古の基地問題にあたっては、その記憶が強く反映されていたと見ることで、その行動に納得がいきました。

本年は戦後七五年の節目の年です。今年の「オキナワを歩く」は一四回目ですから、その間六五年、七〇年と二度の節目を経験しました。節目の年には戦争についての話題が多くなり、沖縄戦の過酷さを思い起こし、人間が原因でもたらされる戦争という究極の悲劇について、しっかり考えねばという訴えが強く出されます。今年もそうなることでしょう。我々も重く受け止めたいと思っています。

しかしながら年を経るたびに戦争の記憶は薄れていき、平和を願う思いはあるものの、多くの方が無力感に苛まれつつ、黙して鬼籍に入られていく現状は現実として覆いようがありません。そのような中で、老骨に鞭打たれながら、若者たちに戦争体験の証言を続けられておられる方々の存在は、国宝と賞されてもよいものでありましょう。平和への資産ともいうべき貴重な証言をお聞かせいただき、学生たちは将来に向けて必ず受け継いでくれるものと信じます。

本書をまとめるにあたり、養秀同窓会の皆様には大変お世話になりました。とくに平和部会の山田親信先生には、何度も翁長様との調整、確認をしていただきました。先生のご援助がなければ本書は完成できませんでした。厚くお礼申し上げます。また、翁長様の証言をまとめるにあたり、広島市立大学の学長塾の皆様にもご援助いただきましたことも申し添えさせていただきます。

最後になりますが、このような活動を一五年間続けてこられたことは、石田恒夫広島経済大学理事長をはじめとする大学関係者のご理解と多大なご援助、大塚製薬グループ、全日空関連会社のご支援、現地でお助けくださる多くの方々の協力があったおかげであります。そして第一回目からずっと一緒に歩いてくださり貴重な写真を残してくださった、田中正文様には、三五年以上にわたるご厚誼とともに深く感謝申し上げます。

令和二年睦月

広島経済大学 岡本貞雄

いのちをみつめる叢書　特別篇④

付・DVD（59分）

学生が聞いた
翁《お》長《なが》安《やす》子《こ》　沖縄戦を語る

令和二年二月二十二日　第一版第一刷発行

編　者　広島経済大学岡本ゼミナール
　　　　田中　正文
監　修　岡本　貞雄（広島経済大学教授）
発行者　竹之下正俊
発行所　株式会社ノンブル社
〒169-0051　東京都新宿区西早稲田
一-八-二-二F
電　話　〇三-三二〇三-三三五七
FAX　〇三-三二〇三-二一五六
振　替　〇〇一七〇-八-一一〇九三

装丁・石幡やよい／編集・高橋康行

・本書に印税が発生した場合は、「安國寺と養秀同窓会」に寄付されます
・本書に関する責任は岡本貞雄にあります

ISBN978-4-86644-021-7　C0337

印刷・製本　亜細亜印刷株式会社
※落丁・乱丁は小社宛にお送り下さい。送料小社負担にておとりかえ致します

広島経済大学岡本ゼミナール 編
監修・岡本貞雄（広島経済大学教授）

いのちをみつめる叢書

いのちをみつめる叢書 別巻 ❶〜❻
〈オキナワを歩くシリーズ〉
❶〜❺付・DVD 60分 ❻付・DVD 80分
A5判・本体九八〇円＋税

❶元白梅学徒隊員 沖縄戦を語る
証言者：中山きく

❷元梯梧学徒隊員 沖縄戦を語る
証言者：稲福マサ・吉川初枝

❸元瑞泉学徒隊員 沖縄戦を語る
証言者：宮城巳知子

❹元積徳学徒隊員 沖縄戦を語る
証言者：仲里ハル・名城文子

❺元なごらん学徒隊員 沖縄戦を語る
証言者：大城信子・上原米子

❻元宮古高女・八重山高女学徒隊員 沖縄戦を語る ［資料篇］飯上げ体験
証言者：宮古〈志賀芳・砂川末子〉
八重山〈徳山昌子・潮平保子・黒島春〉
付・八重農学徒女子 解説

いのちをみつめる叢書 特別篇
学生が聞いた
学徒出陣そして特攻
元海軍第十四期飛行専修予備学生
七十年目の証言
証言者：大之木英雄
A5判・本体一二〇〇円＋税
付・DVD 90分

いのちをみつめる叢書 特別篇❷
学生が聞いた
カウラ捕虜収容所 日本兵脱走事件
A5判・本体一二〇〇円＋税

いのちをみつめる叢書 特別篇❸
学生が聞いた
一中鉄血勤皇隊 沖縄の男子学徒たち
A5判・本体一一〇〇円＋税
付・DVD 59分

いのちをみつめる叢書❶
学生が聞いた禅 濱田徹道講話録
●禅僧、いのちの尊厳を語る
四六判・本体一五〇〇円＋税

いのちをみつめる叢書 2
学生が聞いた戦人の魂《こころ》 思いはるかに（仮）
●いま残す、戦争の語り部たちの生きざま